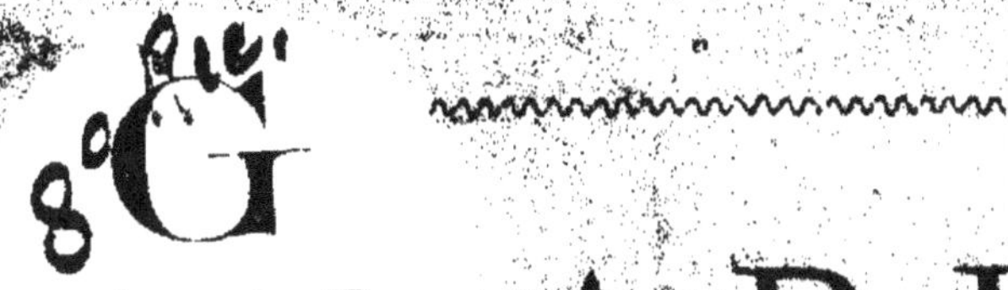PARIS

A L'ŒIL

GUIDE PRATIQUE

DE

L'ÉTRANGER A PARIS

Distribué gratis

dans les principaux hôtels de la France et de l'Étranger

PARIS

ADMINISTRATION

15, rue des Martyrs, 15

—

1862

PARIS

A L'OEIL

GUIDE PRATIQUE

ET ILLUSTRÉ

DE

L'ÉTRANGER A PARIS

DISTRIBUÉ GRATIS

AU NOMBRE DE 10,000 EXEMPLAIRES

Dans les principaux Hôtels de Paris, de la France
et de l'Étranger

PARIS

ADMINISTRATION
15, rue des Martyrs, 15

1862

L'Église de la Madeleine.

UE voulez - vous, chers étrangers, je tiens à vous être utile et je me permets de vous offrir, à ce titre, ce petit livre qui vous servira de guide non-seulement pour vos plaisirs, mais encore pour vos achats.

Ce petit livret, comme vous le comprendrez, n'étant qu'un abrégé, un aperçu de tout ce que Paris contient de merveilleux, nous vous renverrons, pour les détails, au PETIT GUIDE infaillible, **PARIS EN POCHE**, édité par la **Librairie FAURE**, 166, RUE DE RIVOLI. Vous trouverez dans cette librairie de premier ordre un choix complet de tous les livres et albums dont vous pourriez avoir besoin.

RESTAURANTS

ARRIVÉE A PARIS. — Quel que soit le chemin de fer par lequel vous arriviez, occupez-vous de vos bagages, et la vérification de la régie une fois terminée, faites transporter vos colis dans une voiture, en donnant au cocher l'adresse où vous désirez être conduit.

CHOIX D'UN HOTEL.— Les hôtels, à Paris, ne sont pas difficiles à rencontrer; vous en trouverez dans tous les

RESTAURANTS

quartiers. Vous n'aurez donc qu'à choisir, en consultant toutefois votre budget. Nous vous recommandons d'une manière toute spéciale les grands hôtels *du Louvre* et *de la Paix,* et l'hôtel *de la Grande-Bretagne,* 14, rue Caumartin, près des boulevards.

Situés au centre du mouvement et des plaisirs, ces hôtels ne vous laisseront rien à désirer sous le rapport du confortable

DES RESTAURANTS. — Paris est inondé de restaurants qui luttent à qui mieux mieux d'élégance et de confortable. Nous citerons, pour les grandes bourses, *les Provençaux,* au Palais-Royal ; *Vachette* et le *Café Bignon,* sur les boulevards. — Aux amateurs de prix fixe, nous recommanderons :

Le dîner *du Rocher,* passage Jouffroy, à 3 fr., et les restaurants du Palais-Royal, à 1 fr. 60, 2 fr. et 2 fr. 50.

Viennent ensuite les *bouillons Duval,* rue Montesquieu, rue de Rivoli et rue Montmartre, où l'on peut dîner à des prix exceptionnels de bon marché.

CAFÉS

A Paris, les courses sont longues, et il y a dans la journée des moments où l'on éprouve le besoin de se reposer et de fumer un cigare. Les cafés sont là, ils vous tendent les bras ; leurs élégants décors, la vie qu'ils répandent autour d'eux, leur éclairage féerique, méritent d'attirer l'attention. Dans l'intérêt de nos lecteurs, nous leur indiquerons ceux qui se recommandent le plus par leur luxe et leurs consommations exceptionnelles. Ce sont : *place du Palais-Royal, le café*

PHOTOGRAPHIE

ARTISTIQUE

L'atelier de M. Alphonse MAZE, riche en collections d'objets d'arts et de curiosités historiques, est ouvert dans un élégant pavillon, en face la maison romaine du prince Napoléon, avenue Montaigne, 25.

de Rohan ; sur les boulevards, *les café de Montmorency , des Italiens, Riche, Tortoni, Mazarin, du Cercle* et surtout le *café de Madrid.* Nous vous citerons également comme véritablement exceptionnels les *cafés du XIXe siècle,* boulevard de Strasbourg, et le *Grand café Parisien,* au Château-d'Eau.

IMPOTS FORCÉS.

« Payez et vous serez considéré. » Ce proverbe, à Paris, n'est que trop vrai. — Aussi les impôts forcés surgissent-ils à chaque pas pour l'étranger : pourboire aux garçons de cafés, de restaurants et d'hôtels ; gratifications aux cochers ; jusqu'aux ouvreuses de théâtres, qui vous imposent aujourd'hui, et forcément, leur gracieuseté de petit banc.

HYGIÈNE.

Il n'y a pas à Paris de rue sans médecins, mais l'important est de choisir en cas de maladie un docteur connu et surtout une pharmacie en renom. Nous citerons les pharmacies CLÉRET, rue Montmartre, 151, et la maison LÉCHELLE, rue Lamartine, 35, connue du monde entier pour ses produits spéciaux. Le prix des visites varie suivant le docteur, mais il est le plus souvent de 5 francs. — Tombez-vous sérieusement malade ? n'hésitez pas à vous faire transporter aux bains Tivoli ou aux Néothermes. Là, sous les yeux d'un habile médecin, et dans un hôtel opulent, vous reviendrez bien vite à la santé.

HOTELS DU HAVRE

RECOMMANDÉS

Hôtel des Bains-Frascati, sur la plage.

Hôtel de l'Europe, rue de Paris, 121.

—

HOTELS DE ROUEN

RECOMMANDÉS

Hôtel d'Angleterre, sur le quai Boïeldieu.

Hôtel d'Albion, quai du Havre.

Hôtel de France, rue des Carmes.

Hôtel Watel, rue des Carmes.

MUSÉES

MUSÉE DU LOUVRE. — Visible tous les jours de 10 heures à 4 heures, excepté les lundis.

Visitez, au rez-de-chaussée, les sculptures antiques, les sculptures modernes, le musée assyrien et le musée égyptien. Au premier, la galerie des tableaux et le musée des souverains.

MUSÉE NAPOLÉON III, *dit* CAMPANA *et historique, au Palais de l'Industrie.* — Visible tous les jours, excepté les lundis, de 10 heures à 4 heures.

MUSÉE DE VERSAILLES. — Visible tous les jours, de 11 heures à 4 heures, excepté les lundis. Riche collection de tableaux, magnifiques jardins et pièces d'eau.

MUSÉE DU LUXEMBOURG. — Visible tous les jours, de 9 heures à 4 heures, excepté les lundis. Le dimanche, le musée n'ouvre pas avant 11 heures. Exposition de peinture des artistes vivants.

MUSÉE D'ARTILLERIE, *place Saint-Thomas-d'Aquin.* — Visible les jeudis, de midi à 4 heures. Riche collection d'armures anciennes, canons, affûts et armes de guerre.

MUSÉE DE CLUNY ou **DES THERMES.** — Visible pour

Salle des Maréchaux, aux Tuileries

tout le monde le dimanche, de 11 heures à 5 heures, et les autres jours sur le vu d'un passe-port ou avec billets. Riche collection d'objets d'art du moyen âge et de la renaissance.

MUSÉE DES MONNAIES. — Visible les mardis et vendredis, de midi à 4 heures. Les ateliers ne sont visibles que sur une permission délivrée par le Directeur.

MUSÉE DU CONSERVATOIRE DES ARTS ET MÉTIERS. — Ouvert les dimanches et jeudis, de 10 heures à 4 heures, et les autres jours moyennant 1 fr. Modèles de machines et riche collection d'instruments astronomiques.

EXPOSITION PERMANENTE DES PRODUITS DE L'ALGÉRIE, *au Palais de l'Industrie, aux Champs-Élysées.* — Visible gratis les mardis, mercredis, samedis et dimanches, de midi à 5 heures.

PALAIS IMPÉRIAUX

PALAIS DES TUILERIES. — Visible de 11 heures à 4 heures, en l'absence de Leurs Majestés, avec permission délivrée par le Ministre d'État.

PALAIS DES INVALIDES. — Ouvert tous les jours de 11 heures à 4 heures. Le *tombeau de l'Empereur* n'est visible que le lundi, de midi à 3 heures.

HOTEL DE VILLE. — Visible le jeudi, avec billet délivré par le Préfet de la Seine ou sur le vu d'un passeport.

PALAIS DE LA BOURSE. — Visible tous les jours, de midi à 3 heures, excepté les dimanches. Admirer les grisailles d'*Abel Pujol.*

PALAIS DU SÉNAT. — Visible tous les jours, de 10 heures à 4 heures, quand le Sénat n'est pas en séance.

PALAIS DES BEAUX-ARTS, *rue Bonaparte, 14.* — Visible tous les jours, de 10 heures à 4 heures.

GOBELINS (MANUFACTURE DE TAPISSERIES). — Visible, avec billets ou permission, les mercredis ou samedis, de 2 à 4 heures.

SÈVRES (MANUFACTURE DE PORCELAINES). — Visible tous les jours, excepté les dimanches, de 11 heures à 4 heures, avec billets ou sur le vu d'un passe-port.

LA SAINTE-CHAPELLE, *au Palais de Justice.* — Visible tous les jours, de 10 heures à 4 heures, avec billets ou sur le vu d'un passeport.

ÉBÉNISTERIE DE LUXE

AMEUBLEMENTS COMPLETS

42

Faubourg

Saint-Antoine

—

42

Faubourg

Saint-Antoine

—

ROLL

ÉBÉNISTERIE

MEUBLES EN TOUS GENRES

TAPISSERIES

—

Expédition pour la France et l'Étranger

LES ÉGLISES

Paris contient quarante-deux églises dont presque toutes méritent d'être citées, tant au point de vue de l'art et des décorations intérieures, qu'au point de vue des souvenirs historiques qui s'y rattachent.

Nous nous bornerons à indiquer les plus curieuses c'est-à-dire *Notre-Dame et ses tours, la Madeleine, Saint-Roch, Saint-Eustache, Saint-Vincent de Paul, Saint-Sulpice, Saint-Germain-l'Auxerrois, le Panthéon, aujourd'hui Sainte-Geneviève, Sainte-Clotilde, Notre-Dame de Lorette, Saint-Germain des Prés, Saint-Séverin, Saint-Paul, Saint-Thomas d'Aquin, Saint-Gervais et Saint-Merri.*

ÉGLISES RÉFORMÉES, A L'ORATOIRE, *rue Saint-Honoré,* 157. — Culte le Dimanche, à 11 heures 1/2 du matin.

A PANTEMONT, *rue de Grenelle-Saint-Germain,* 106. — Le dimanche à 11 heures 1/2 du matin.

ÉGLISE RUSSE, *rue de la Croix-du-Roule, près du parc Monceaux.* — Visible tous les jours de 2 à 5 heures.

LE JARDIN DES PLANTES. — Le jardin des Plantes est ouvert au public toute la journée comme promenade.

La *ménagerie* n'est visible que de 11 heures à 5 heures. Les animaux féroces rentrent à 5 heures pour leur repas ; on peut y assister avec une permission ou moyennant rétribution donnée au gardien.

Muséum. — Les galeries de zoologie, de botanique, de minéralogie, de géologie et d'anatomie comparée sont ouvertes au public les mardis et vendredis, de 2 à 5 heures.

Les serres. — Les serres sont visibles avec billets, les mercredis et samedis, de 10 heures à 2 heures.

JARDINS. — Paris contient de nombreux jardins ouverts au public toute la journée. Rien de merveilleux comme ces promenades parsemées de fleurs et de statues. Nous citerons les jardins des *Tuileries*, du *Luxembourg*, du *Palais-Royal*, où vous pouvez, le soir, pendant la belle saison, entendre de délicieux concerts en plein vent.

SQUARES. — A côté des jardins les squares qui, à l'instar de ceux de Londres, sont venus apporter la fraîcheur de leurs ombrages dans des quartiers jadis infects et oubliés. Vous aurez à visiter comme principaux les squares *Saint-Jacques*, du *Temple*, *Louvois*, des *Arts-et-Métiers*, des *Innocents*.

TUILERIES

Salon de la Paix

BOIS DE BOULOGNE. — Le bois de Boulogne, situé à quelques minutes de Paris, est la plus belle promenade du monde. Lacs, îlots, rivières, cascades, massifs, tout se trouve réuni dans ce parc vraiment féerique.

Pré-Catelan. — Le Pré-Caelan n'existe plus aujourd'hui que comme concert les dimanches et vendredis. Vous pouvez, moyennant 50 centimes, assister à des concerts en plein vent dirigés par le célèbre Musard.

Jardin zoologique d'acclimatation, situé en plein bois de Boulogne et près de la porte Maillot, ouvert toute la journée moyennant 1 fr. Riche collection d'animaux reproducteurs et acclimatés, serres et aquarium, vers à soie.

Moyens de transport. — On se rend au bois de Boulogne par le chemin de fer de la gare du Havre, moyennant 30 centimes dans la semaine et 45 centimes le dimanche. Demander le chemin de fer d'Auteuil et s'arrêter avenue de l'Impératrice.

PARC MONCEAUX. — Le parc Monceaux, situé à l'extrémité du boulevard Malesherbes, est devenu, grâce aux nouvelles transformations qu'il a subies, un petit bois de Boulogne où l'on peut se promener librement, Profitez de votre promenade dans ce parc pour visiter tout près de là la nouvelle église russe.

ADMINISTRATION

BANQUE, rue de la Vrillière.

COMPTOIR NATIONAL D'ESCOMPTE, rue Bergère, 14.

ENREGISTREMENT ET DOMAINES, TIMBRE, rue de la Banque. — Dépôts de papiers timbrés dans tout Paris et chez les principaux débitants de tabac.

ARCHIVES DE L'EMPIRE, rue de Paradis (au Marais), 20.

POSTES (hôtel des), rue Jean-Jacques Rousseau.

CONTRIBUTIONS DIRECTES. — Au ministère des Finances, rue de Rivoli, 234.

CONTRIBUTIONS INDIRECTES ET DOUANES, rue Mont-Thabor, 21. — Finances.

FORÊTS (administration des), rue du Luxembourg, 21.

CRÉDIT FONCIER, 19, rue Neuve-des-Capucines.

— MOBILIER, place Vendôme, 15.

DÉPOTS ET CONSIGNATIONS (Caisse), quai d'Orsay.

CRÉDIT INDUSTRIEL ET COMMERCIAL, Chaussée-d'Antin, 66.

IMPRIMERIE IMPÉRIALE, rue Vieille-du-Temple, 87. — Visible avec une permission, le jeudi à 2 heures.

OBSERVATOIRE ET BUREAU DES LONGITUDES, derrière le Luxembourg et avenue de l'Observatoire.

BIBLIOTHÈQUES

BIBLIOTHÈQUE IMPÉRIALE, rue Richelieu, 58.— Lecture: tous les jours, sauf les dimanches et fêtes. Visite du monument : mardis et vendredis de 10 à 3 heures. Fermée du 1er septembre au 15 octobre.

BIBLIOTHÈQUE SAINTE-GENEVIÈVE, près du Panthéon.— 250,000 volumes. Ouverte tous les jours, excepté le dimanche, de 10 à 2 heures, et le soir de 6 à 10 heures.

BIBLIOTHÈQUE MAZARINE. — Ouverte tous les jours de 10 à 3 heures, à l'Institut.

BIBLIOTHÈQUE DE L'INSTITUT. — Visible tous les jours avec permission. En profiter pour visiter l'Institut.

BIBLIOTHÈQUE DE L'ARSENAL, rue de Sully. — Visible tous les jours, excepté le dimanche, de 10 heures à 3 heures.

BIBLIOTHÈQUE DU CORPS LÉGISLATIF — Visible avec une permission des questeurs ou des bibliothécaires.

BIBLIOTHÈQUE DU LOUVRE, place du Palais-Royal (n'est pas publique).

CORPS CONSTITUÉS

SÉNAT, au palais du Luxembourg.

CORPS LÉGISLATIF, Palais-Bourbon.

CONSEIL D'ÉTAT, Palais d'Orsay, quai d'Orsay.

LÉGION D'HONNEUR, palais de la Légion d'honneur, quai d'Orsay.

MINISTÈRES

MINISTÈRES

Les bureaux sont ouverts de 10 à 4 heures.

Pour obtenir audience des Ministres, faire une demande motivée par écrit.

MINISTÈRE D'ÉTAT, place du Palais-Royal.

MINISTÈRE DE LA MAISON DE L'EMPEREUR, place du Carrousel et rue de Rivoli. Tous les jours, de 11 à 4 heures.

MAISON DE L'EMPEREUR. — Dons et secours, rue de Rivoli.

AFFAIRES ÉTRANGÈRES, rue de l'Université, 130. Le mardi et le vendredi, de 10 à 3 heures.

AGRICULTURE, COMMERCE ET TRAVAUX PUBLICS, rue Saint-Dominique-Saint-Germain, 62 et 64. Rue de Varennes, 78 bis, pour la direction de l'Agriculture et du Commerce. Le mardi et le vendredi, de 2 à 4 heures.

FINANCES, rue de Rivoli, 234. Tous les jours de la semaine, de 10 à 4 heures.

GUERRE, rue Saint-Dominique-Saint-Germain, 90; bu reaux même rue, 86 et 88. Ouverts tous les jours, te les mercredis, de 2 à 4 heures, pour les réclamations.

INSTRUCTION PUBLIQUE ET CULTES, rue de Grenelle-Saint-Germain, 110. Le jeudi, de 2 à 4 eures. Pour la Direction générale des Cultes, place Vendôme (Minisretè de la Justice).

INTÉRIEUR, place Beauveau et rue de la Ville-l'Évêque Le mardi et le jeudi, de 11 à 3 heures.

JUSTICE, place Vendôme, 11 et 13; bureaux, rue du Luxembourg, n° 36. Le vendredi de 2 à 4 heures.

MARINE ET COLONIES, rue Royale-Saint-Honoré, 2. L jeudi, de 2 à 4 heures.

PRÉFECTURE DE LA SEINE, place de l'Hôtel-de-Ville.

PRÉFECTURE DE LA POLICE, quai des Orfévres, 26.

CULTE RÉFORMÉ

L'Oratoire, rue Saint-Honoré

AMBASSADES, CONSULATS

ANGLETERRE, rue du Faubóurg-Saint-Honoré, 39.
AUTRICHE, rue de Grenelle-Saint-Germain, 87.
BADE, rue de Boursault, 19.
BELGIQUE, rue de la Pépinière, 97.
BRUNSWICK (Duché de), rue de Penthièvre 19.
DANEMARK, rue de la Pépinière, 88.
ÉQUATEUR, avenue Matignon, 15.
ESPAGNE, quai d'Orsay, 25.
ÉTATS-ROMAINS, rue de l'Université, 69.
ÉTATS-UNIS D'AMÉRIQUE, rue de Marignan, 3.
GRÈCE, avenue Gabriel, 46.
ITALIE, rue Saint-Dominique-Saint-Germain, 133.
MEXIQUE, rue Soufflct, 13.
PÉHOU, rue Saint-Lazare, 31.
PAYS-BAS, avenue des Champs-Élysées, 121.
PORTUGAL, rue d'Astorg, 12.
PRUSSE, rue de Lille, 78.
RUSSIE, Faubourg-Saint-Honoré, 31.
SUÈDE ET NORWÉGE, rue d'Anjou-Saint-Honoré, 74.
SUISSE, rue d'Aumale, 9.
TURQUIE, rue de Grenelle-Saint-Germain.
WURTEMBERG, rue de l'Arcade, 16. — Visa, rue de la
   Ferme-des-Mathurins, 18.

PRINCIPAUX MONUMENTS

COLONNES. — Obélisque, colonne Vendôme, colonne de Juillet. — Porte Saint-Denis, porte Saint-Martin, tour Saint-Jacques, arc de triomphe de l'Étoile, arc de triomphe du Carrousel.

FONTAINES. — Fontaines des Innocents, Louvois. Fénelon, Molière, Château-d'Eau, Saint-Michel.

MARCHÉS. — Halles centrales, rue Rambuteau ; halle au blé, rue de Viarmes. — Marché aux fleurs :

Les lundis et jeudis au Château d'Eau ;
Les mardis et vendredis, place de la Madeleine ;
Les mercredis et samedis, quai Napoléon.

HUIT JOURS A PARIS

EMPLOI DE LA JOURNÉE

Dimanche. — 1re Journée

Visiter le Palais-Royal.
Parcourir la cour du Louvre.
Le Carrousel.
Les Tuileries.
Suivre le jardin des Tuileries.
La place de la Concorde.
Les Champs-Élysées.
La barrière de l'Étoile.
Le parc Monceaux.
Le boulevard Malesherbe.
La Madeleine.

Lundi. — 2e Journée

Visiter les Invalides.
Le Tombeau de l'Empereur.

Le Champ-de-Mars.
Le Bois de Boulogne.
Le Jardin d'acclimatation.

Mardi. — 3e Journée

Visiter Saint-Roch.
Suivre la rue de la Paix.
Le boulevard de la Madeleine.
Visiter la Madeleine.
La Chapelle expiatoire.
Revenir par les boulevards.
Visiter la Bourse.

Mercredi. — 4e Journée

L'église Saint-Germain l'Auxerrois.
La Sainte-Chapelle.
Le Palais de Justice.
L'église Notre-Dame.
La chapelle de l'Archevêché.
Le Musée de Cluny.
Revenir par le Luxembourg.
Visiter l'église Saint-Sulpice.

Jeudi. — 5e Journée

Voir le Conseil d'État.
La Légion d'honneur.
Le Musée d'artillerie.
Les Ministères.
L'église Sainte-Clotilde.

La Bourse

Vendredi. — 6e Journée

Visiter le Musée du Louvre.
Suivre la rue de Rivoli.
Visiter Saint-Eustache.
Les Halles.
Le Conservatoire des Arts et Métiers.
Revenir par les boulevards.
Remarquer les portes Saint-Denis et Saint-Martin.

Samedi. — 7e Journée

Prendre au Palais-Royal l'omnibus conduisant au Jardin des Plantes.
Parcourir le Jardin des Plantes.
Voir la Ménagerie.
Les Serres.
Le Muséum.
Visiter les Gobelins
Visiter le Panthéon.
Saint-Étienne du Mont.
La Sorbonne.

Dimanche. — 8e Journée

Promenade à Versailles. Visiter le musée, les Trianons; choisir autant que possible un dimanche où les grandes eaux jouent.

THÉATRES   THÉATRES

OPÉRA, rue Le Peletier.— *Opéras et ballets.* — Ouvert les lundis, mercredis et vendredis.

Bals pendant le Carnaval. Prix d'entrée : 10 fr.

FRANÇAIS, rue Richelieu, 6, et près du Palais-Royal. — *Tragédies et Comédies,* sérieuses et de bon ton.

ITALIENS, place Ventadour. — Ouvert les mardis, jeudis, samedis et pendant six mois seulement, du 1er octobre au 1er avril.

OPÉRA-COMIQUE, place Favart, boulevard des Italiens. — *Comédies mêlées de chants.*

THÉATRE LYRIQUE, place du Châtelet. — Comme l'Opéra-Comique.

ODÉON, second Théâtre-Français, place de l'Odéon. — *Tragédies, Comédies, Drames.*

GYMNASE, boulevard Bonne-Nouvelle, 38. — *Comédies, Drames, Vaudevilles.*

VAUDEVILLE, place de la Bourse. — *Vaudevilles, Comédies, Drames.*

VARIÉTÉS, boulevard Montmartre. — *Vaudevilles burlesques, Revues.*

PALAIS-ROYAL. — *Pièces bouffonnes et grivoises, Farces joyeuses mêlées de couplets.*

PORTE-SAINT-MARTIN, boulevard Saint-Martin. — *Drames, Féeries, Ballets.*

AMBIGU, boulevard Saint-Martin. — *Drames, Féeries.*

CIRQUE IMPÉRIAL, place du Châtelet. — *Féeries, Pièces militaires, Drames à grand spectacle.*

GAITÉ, square des Arts et Métiers. — *Drames, Féeries, etc.*

BOUFFES-PARISIENS, passage Choiseul.

Viennent ensuite les théâtres des **DÉLASSEM NTS**, des **FOLIES**, des **FUNAMBULES**, le petit **LAZARI**, le théâtre **BEAUMARCHAIS** et le théâtre du **LUXEMBOURG**.

Nota. — Les théâtres de Paris, très-courus surtout pendant l'hiver, ont tous un bureau de location où l'on peut, toute la journée, prendre d'avance des billets pour la représentation.

PLAISIRS

HIPPODROME.—Spectacles équestres les mardis, jeudis, samedis et dimanches, à 3 heures, pendant l'été. Prix : 2 fr. 50, 1 fr. 50, 75 c. et 50 c.

CIRQUE NAPOLÉON. — L'hiver, boulevard des Filles-du-Calvaire. Tous les soirs à 8 heures. Premières, 2 fr.; secondes, 1 fr.

CIRQUE DE L'IMPÉRATRICE. — L'été seulement aux Champs-Élysées. Prix d'entrée : Premières, 2 fr.; secondes, 1 fr. Le spectacle commence à 8 heures et finit à 10 heures.

CONCERTS PARISIENS. — Aux Champs-Élysées. Tous les soirs, pendant la belle saison, à 8 heures, derrière le Palais de l'Exposition. Prix d'entrée : 1 fr.

ROBERT-HOUDIN. — Boulevard des Italiens. Soirées fantastiques et sorcellerie. Parterre, 1 fr. 50. Tous les soirs à 8 heures.

THÉATRE DÉJAZET. — Boulevard du Temple. Pantomimes, Vaudevilles et pièces comiques.

PANORAMA DES CHAMPS-ÉLYSÉES. — Toute la journée, de 10 à 6 heures. *Prise de Sébastopol.* Prix d'entrée, 2 fr. Le dimanche, 50 c.

PALAIS DE JUSTICE

La sainte Chapelle

BALS

—

BALS D'HIVER

OUVERTS DU 1er OCTOBRE AU 1er AVRIL.

CASINO, 16, rue Cadet, faubourg Montmartre.
Bals les lundis, mercredis, vendredis et dimanches.
Prix d'entrée : 2 fr. — *Concert, promenade,* les mardis,
jeudis et samedis. Prix d'entrée : 1 fr.

SALLE VALENTINO, rue Saint-Honoré, 359. — Bals dimanches, mardis, jeudis et samedis. Prix d'entrée :
3 et 2 fr.

BALS D'ÉTÉ

MABILLE, avenue Montaigne, 93. — Soirées dansantes
les mardis, jeudis, samedis et dimanches. Prix d'entrée : 3 et 2 fr.

CHATEAU DES FLEURS, avenue des Champs-Élysées,
vis-à-vis Beaujon — Fêtes dansantes et musicales les
lundis, mercredis, vendredis et dimanches.

CASINO D'ASNIÈRES. — Bals les dimanches et jeudis,
dans la belle saison. Prix d'entrée : 2 fr.

CHATEAU-ROUGE, avenue Clignancourt, à Montmartre.
— Bals les dimanches, lundis et jeudis. Prix d'entrée :
1 fr. 50 et le jeudi 2 fr.

CLOSERIE DES LILAS, carrefour de l'Observatoire. —
Bals les lundis, jeudis et dimanches. Prix d'entrée :
1 fr.

LE TRAIN

JOURNAL

DES CHEMINS DE FER

Constamment tenu au courant et contenant un livret spécial pour chaque ligne, ce journal se recommande d'une manière toute spéciale aux étrangers et voyageurs.

Prix du numéro : 25 cent.

EN VENTE CHEZ TOUS LES LIBRAIRES

VOITURES DE PLACE

(Voir *Paris en poche*, page 61)

TARIF DES VOITURES SOUS REMISE

	COURSE		HEURE		DE MINUIT 30 A 6 HEURES DU MATIN	
	fr.	c.	fr.	c.	Course	Heure
Calèches et Coupés. .	2	»	2	25	2 50	3 »

Extérieur des Fortifications.

Calèches et Coupés. . . . . 3 fr. l'heure.

Indemnité de retour du bois de Boulogne, pour la course, 75 centimes.

TARIF DES VOITURES DE PLACE

VOITURES	COURSE		HEURE		DE MINUIT 30 A 6 HEURES DU MATIN	
	fr.	c.	r.	c.	Course	Heure
A 2 places..............	1	25	1	75	2 »	2 50
A 4 et 5 places........	1	40	»		2 »	2 50

Extérieur des Fortifications.

Voitures à 2 places . . . . 2 fr. 50 c. l'heure.
— à 4 et 5 places . . . . . . 2 50 —

20 centimes pour un colis ; deux colis, 40 centimes ; trois et au-dessus, 50 centimes.
Indemnité de retour du bois de Boulogne, pour la course, 50 centimes.

OMNIBUS

Rien de commode comme les omnibus pour se diriger dans tout Paris, soit directement, soit par correspondance.

Les omnibus, appartenant tous à la même administration, se composent de trente et une lignes correspondantes aux différentes lettres de l'alphabet.

Le prix des places est de 30 centimes dans l'intérieur et de 15 centimes sur l'impériale, sans correspondance.

Avoir bien soin de réclamer la correspondance en payant sa place.

La Clef des Omnibus. — Nous ne saurions trop recommander aux étrangers un petit livre coquet et mignon, *la Clef des Omnibus*, qui vient de paraître à la librairie Guittet, 38, passage des Panoramas. Impossible, avec ce guide, d'être embarrassé; vous pouvez de vous-même vous diriger dans tout Paris et connaître à l'instant même l'omnibus qui conduit où vous pouvez avoir affaire.

PARCOURS DES 31 LIGNES

A.	— Auteuil. — Palais-Royal.......	Coul. jaune.
AB.	— Passy. — Bourse..............	— verte.
AC.	— Petite Villette—Cours-la-Reine.	— verte.
AD.	— Château-d'Eau—Pont de l'Alma	— verte.
AE	— Vincennes — Arts et Métiers..	— verte.
AF.	— Glacière — Place Laborde.....	— verte.
AG.	— Montrouge—Chemin de l'Est...	— brun foncé
B.	— Chaillot — Saint-Laurent......	— jaune.
C.	— Courbevoie — Louvre..........	— jaune.
D.	— Ternes — Bd des Filles-du-Calv.	— jaune.
E.	— Bastille — Madeleine	— jaune.
F.	— Bastille — Monceaux..........	— brun foncé
G.	— Batignolles—Jard. des Plantes.	— brun clair
H.	— Clichy — Odéon	— jaune.
I.	— Montmartre — Place Maubert.	— jaune.
J.	— Bre des Martyrs—Bre St-Jacques	— jaune.
K.	— La Chapelle — Coll. de France.	— jaune.
L.	— La Villette — Saint-Su'pice ..	— jaune.
M.	— Belleville — Ternes..........	— jaune.
N.	— Belleville —Place des Victoires	— verte.
O.	— Ménilmont. — Chauss.-d.-Maine	— verte.
P.	— Charonne — Bastille..........	— jaune.
Q.	— Trône — Palais-Royal........	— jaune.
R.	— Charenton — Faub. St-Honoré.	— verte.
S.	— Bercy — Louvre	— jaune.
T.	— Gare d'Ivry — Place Cadet.....	— jaune
U.	— Mais-Blanche—Pte St-Eustache	— jaune.
V.	— Bre du Maine — Chemin du Nord.	— brun clair
X.	— Vaugirard—Place du Havre....	— jaune.
Y.	— Grenelle — Porte St-Martin....	— brun clair
Z.	— Grenelle — Bastille...........	— brun clair

JARDIN DES PLANTES.

Intérieur du Muséum.

POSTE.

L'administration des postes, située rue Jean-Jacques-Rousseau, est ouverte tous les jours, de 8 heures du matin à 8 heures du soir.

Poste restante. — Au rez-de-chaussée, en face la porte d'entrée. Le bureau de la poste restante est ouvert de 8 heures du matin à 8 heures du soir et les dimanches jusqu'à 5 heures. — Distribution des lettres, chargements et valeurs déclarées adressées *poste restante.*

Avoir bien soin de se munir de son passe-port ou d'une pièce en règle pouvant faire constater l'identité.

Bureaux ouverts au public. — Le service des postes dans Paris s'exécute :

1° Dans les bureaux établis à l'hôtel des Postes, rue Jean-Jacques-Rousseau, *administration centrale;*

2° Dans les bureaux *d'arrondissement et supplémentaires* échelonnés dans les différents quartiers de Paris.

On peut affranchir, charger, déposer des valeurs déclarées, des valeurs cotées, acheter des timbres-poste, envoyer ou toucher de l'argent, tous les jours, de 8 heures du matin à 8 heures du soir, et les dimanches et fêtes *jusqu'à 5 heures,* dans tous les bureaux indistinctement. Mais si l'on veut qu'une lettre parte le jour même et par les ambulants du soir, il faut qu'elle soit déposée :

Avant 5 heures aux bornes-poste ou petites boîtes ;

Avant 5 heures et demie aux bureaux supplémentaires ;

Avant 5 heures 45 aux bureaux principaux ;

Avant 6 heures à la grande poste et au bureau J, situé place de la Bourse.

NOTA. Le dépôt des valeurs déclarées, des valeurs cotées et des chargements pour les départs du soir a lieu : 1° dans les bureaux principaux et supplémentaires jusqu'à 4 heures 30 ; 2° à l'hôtel des Postes et au bureau de la place de la Bourse jusqu'à 4 heures 45.

Bureaux des Gares. — Dans l'intérêt du commerce, la Poste a établi aux bureaux des gares de chemins de fer un service exceptionnel où l'on peut déposer ses lettres une demi-heure avant le départ des trains.

Envois d'argent. — On peut envoyer, aujourd'hui, de l'argent de deux manières :

1° Par mandats, en déposant son argent dans n'importe quel bureau de poste, et en payant un droit de deux pour cent.

2° Par lettre chargée, mais seulement jusqu'à concurrence de 2,000 fr., en indiquant sur l'enveloppe même de la lettre, en toutes lettres, les valeurs qui y sont incluses.

La poste alors devient responsable de la somme déclarée.

Des chargements. — Mettre sa lettre sous enveloppe, et la sceller de deux ou cinq cachets en cire fine, de manière que tous les plis de l'enveloppe soient bien pris. — Déposer ces chargements avant 4 heures 30, aux bureaux supplémentaires, et avant 4 heures 45, à la Grande-Poste et aux bureaux principaux, place de la Bourse, rue Sainte-Cécile, etc.

LIVRET-GUIDE DES POSTES

Nous ne saurions trop reccommander aux étrangers
de se reporter, pour tous les renseignements relatifs à
la poste, au petit *Livret-Guide des Postes,* édité par la
librairie FAURE, 166, rue de Rivoli. Ils trouveront dans
e petit ouvrage, des documents précieux de nature à
les éclairer sur tout le service des postes en général·
— Prix : 1 fr.

TÉLÉGRAPHIE

Les dépêches télégraphiques peuvent être déposées
de 8 heures du matin à 9 heures du soir, dans tous
es bureaux :

> **Ministère de l'intérieur.**
> **Place de la Bourse.**
> **Hôtel des Postes.**
> **Grand hôtel du Louvre.**

La dépêche simple, soit 15 mots, paye un droit fixe
de 2 fr. plus 10 cent. par myriamètre, distance prise
à vol d'oiseau.

ENVIRONS DE PARIS

VERSAILLES, à 21 kilomètres de Paris. — Musée de peinture et de sculpture, ouvert tous les jours de 11 heures à quatre heures, excepté les lundis.

Moyens de transport. — Chemin de fer de Versailles (*rive droite*), gare Saint-Lazare, partant toutes les heures, à la demie.

Chemin de fer de Versailles (*rive gauche*), gare Mont-Parnasse, partant toutes les heures, aux heures. Premières : 1 fr. 50 ; seconde : 1 fr. 25.

SAINT-CLOUD. — Célèbre par son parc, son château, ses belles pièces d'eau et sa cascade, qui s'élève à 42 mètres.

Moyens de transport. — Chemin de fer de Versailles (*rive droite*), gare Saint-Lazare, partant toutes les heures à la demie.

Prix : 75 c. le dimanche et 50 c. dans la semaine.

ENVIRONS DE PARIS

Église de Saint-Denis.

SAINT-GERMAIN. — Remarquable par son château, sa terrasse et son immense forêt.

Moyens de transport. — Chemin de fer de Saint-Germain, gare Saint-Lazare, partant toutes les heures, à la demie. Prix : 1 fr. 50 et 1 fr. 25.

SÈVRES, — Célèbre par sa manufacture de porcelaine.

La manufacture est publique le jeudi, et visible tous les jours de la semaine avec billets, de 11 à 4 heures (*fermée les dimanches et jours de fête*).

Moye s de transport. — Chemin de fer de Versailles (*rive gauche*), partant toutes les heures, à l'heure.

FONTAINEBLEAU. — Visiter le château, le parc, le jardin.

Moyens de transport. — Chemin de fer de Lyon, départs 14 fois par jour, billets à prix réduits pour 24 heures de séjour. Prix : aller et retour, 8 fr. 20 et 4 fr. 50.

SAINT-DENIS. — Célèbre par son église et ses tombeaux.

Moyens de transport. — Chemin de fer du Nord, place Roubaix, partant toutes les heures. Prix : 80, 60 40 centimes.

VINCENNES. — Château-fort, école d'artillerie, musée d'armes, bois magnifique.

Moyens de transport. — Chemin de fer de Vincennes, place de la Bastille, partant toutes les demi-heures depuis 7 heures. Prix : 35 cent. le dimanche et 25 cent. dans la semaine.

LISTE

DES HOTELS DE LA FRANCE ET DE L'ETRANGER

où se trouve en permanence et distribué gratis

LE PETIT GUIDE

PARIS A L'ŒIL

—

ÉTRANGER

Anvers................	Hôtel Saint-Antoine.
Bonn (Prov. Rhénanes).	Hôtel de l'Etoile-d'Or.
Bruxelles (Belgique)....	Hôtel de Bellevue.
	Hôtel de l'Univers.
	Hôtel de Brabant.
Cologne (Prov. Rhénanes)	Hôtel Disch.
	Hôtel de Mayence.
	Hôtel de Bellevue (Deutz).
	Hôtel du Rhin.
Francfort............	Hôtel de Russie.
Gand (Belgique)........	Hôtel de la Poste.
Gênes (Piémont)........	Hôtel Féder.
Genève (Suisse)........	Hôtel de Bergues.
Mayence............	Hôtel d'Angleterre.
Milan (Italie)..........	Hôtel de la Ville.
Namur (Belgique).......	Hôtel de Bellevue.
Nice................	Hôtel de France.
Turin...............	Hôtel Féder.
	Hôtel Trombetta (Europe).
Zurich...............	Hôtel de Bellevue.
Bade................	Hôtel de Russie.
	Grand hôtel de Bade.
	Hôtel d'Angleterre.

FRANCE

Bordeaux	Hôtel de France.
	Hôtel de Londres.
	Hôtel Richelieu.
Boulogne-sur-Mer..	Hôtel du Pavillon Impérial.
Havre	Hôtel Frascati.
	Hôtel de l'Europe.
	Hôtel de Normandie.
	Hôtel des Indes.
Lyon...............	Grand Hôtel de Lyon.
	Hôtel de l'Europe.
	Hôtel des Ambassadeurs.
Marseille...........	Hôtel des Empereurs.
	Hôtel d'Italie.
	Hôtel des Ambassadeurs.
Nancy	Hôtel de l'Europe.
	Hôtel de Paris.
Rouen	Hôtel d'Angleterre.
	Hôtel de France.
Saint-Étienne.......	Hôtel du Nord.
Strasbourg.........	Hôtel de Paris.
	Hôtel de la Maison-Rouge.
	Hôtel de la Vignette.

PARIS A L'ŒIL

GUIDE PRATIQUE & ILLUSTRÉ

DISTRIBUÉ A 10,000 EXEMPLAIRES

Dans les principaux hôtels de Paris, de la France
et de l'Étranger

SUPPLICE INFLIGÉ AUX VOYAGEURS

Qui perdront leur petit livret

PARIS A L'ŒIL

www.ingramcontent.com/pod-product-compliance
Lightning Source LLC
Chambersburg PA
CBHW061805050726
47598CB00002B/889